# THÈSE
## POUR LA LICENCE.

L'Acte public sur les Matières ci-après sera soutenu le Vendredi 6 Août 1852, à 11 heures,

**Par Augustin-Emile FILLIETTE,**

NÉ A VERSAILLES.

PRÉSIDENT, M. OUDOT, PROFESSEUR,

MM.

SUFFRAGANTS :
DEMANTE,
ORTOLAN,
PERREYVE,
DUVERGER,

PROFESSEURS.

SUPPLÉANT.

*Le Candidat répondra en outre aux questions qui lui seront faites sur les autres matières de l'enseignement.*

**VERSAILLES,**

C. DUFAURE, IMPRIMEUR-LIBRAIRE,
Rue de la Paroisse, 21.

**1852.**

A la mémoire de mon Père.

A MA MÈRE.

# JUS ROMANUM.

———•———

**DE SERVITUTIBUS.**
**DE SERVITUTIBUS PRÆDIORUM URBANORUM.**
**COMMUNIA PRÆDIORUM.**

(Dig. Lib. 8, tit. 1, 2 et 4.)

### DE SERVITUTIBUS GENERALITER.

Dominium, id est plena in re potestas justè adquisita, in plura dividitur jura, quæ distrahi possunt et ad quosdam separatìm pertinere.

Præcipuè hæc inter, jus abutendi discernendum est; si quis enim illud supremum retinuit, semper dominus manet. Cœtera quæ dominium non exstinguunt sed tantùm minuunt, cùm sic sunt disjuncta, servitutes appellantur, quia res jam non tota domini est, sed alii quoque servit.

Servitutum duo sunt genera : aut personarum, aut rerum ad propria commoda constitutæ sunt; illæ, ut usus et usufructus, extinctis personis, simul extinguuntur, hæc, verò, ut rusticorum et urbanorum prædiorum servitutes, rei quodam modo inhærentes, perstant et simul cum fundo transmittuntur.

Omnes servitutes, quùm sint dominii fragmenta, sunt jura, ideò res incorporales, et hæc jura quisque præ omnibus directò in re agit; non nisi corporalibus rebus imponi possunt, itaque servitus servitutis esse non potest, nam qui hoc dominii fragmentum oneraret, is, ipsius domini jura læderet; Item nulli res sua servit, qui plenam potestatem habet, fragmenta separata habere non potest; item servitutis non ea est natura ut aliquid faciat quis, veluti viridia tollat aut amæniorem prospectum præstet, sed ut aliquid patiatur aut non faciat, sin aliter, servitutes obligationes fierùnt, nec essent dominii fragmenta, exceptio una tamen videtur in oneris ferendi servitute, et quidem

non esse exceptionem aliquis dicere potest; deniquè quotiès nec alicujus
personæ nec alicujus prædii interest nunquam valet servitus.

## DE SERVITUTIBUS PRÆDIORUM ET DE ILLARUM DIVISIONE.

« Hæc, ut ait Ulpianus, servitutes prædiorum appellantur quoniam sinè
« prædiis constitui non possunt : nemo enim potest servitutem adquirere vel
« urbani vel rustici prædii, nisi qui habet prædium. » Qualitates sunt prædiis
quodam modo inhærentes ut salubritas, amplitudo, quæ prædia sequuntur.

E speciali prædialium servitutum substantia est :

1.° *Ut sint duo fundi vicini;* unus dominans cui servitus, alter serviens à
quo debetur. Sed nullo modo necesse est ut contigui sint, dùm jus servitutis
exerceri possit pro suâ naturâ ; sic, si via publica intercedat nec itineris actus
ve, neque altiùs tollendi, immittendi verò protegendi ve servitutes impedit.

2.° *Ut quamdam prædiis utilitatem præbeant,* sic, loco sacro interveniente,
quo fas non sit uti, actùs ve aut haustûs, item si medius mons ædium conspec-
tum auferat, prospectus servitus imponi non potest. Nec, ut pomum decerpere
liceat vel ut cœnare in alieno possimus, esset servitus, sed personalis obligatio.

3.° *Ut perpetuam causam habeant,* causa autem, id est cujus causâ cons-
tituitur servitus, ut aqua in aquæductus servitute. Itaque foramen in imo
pariete conclavis vel triclinii, quod esset proluendi pavimenti causa, id neque
flumen, neque tempore adquiri possit. At quæ ex cœlo cadit aqua, si in
eum locum veniat, et si non assiduè fit, ex naturali tamen causa fit, et ideò
perpetuò fieri existimatur.

4.° *Deniquè servitutes sunt individuæ.* Itaque nec pro parte acquiri nec
legari, neque adimi possunt, et si id factum est, neque venditio neque le-
gatum neque ademptio valet ; Ideò quoque si quis fundum habens viam
stipulatus erit, et posteà decesserit, pluribus hæredibus relictis, singuli
viam solidam petunt, et si promissor decesserit, à singulis hujus heredibus
solida petitio est. — Hinc sequitur etiam quod parti indivisæ fundi servitus
imponi non possit, rectè autem possit divisæ parti ; et ideò ex pluribus dominis non potest uni, vel unus servitutem cedere; quod si quis tamen fecerit,
actus pendebit donec cæteri socii ratum habeant.

Omnia quæcunque loca, nisi publica vel religiosa quæ humani juris esse
desierunt, servitutem recipiunt.

Prædiorum servitutum duo sunt genera ; rusticorum aut urbanorum prædiorum; aliæ in solo, aliæ in superficie consistunt; id est aliæ nudo solo im-

positæ sunt, aliæ ædificiis inhærent; nec minimè interest in quo loco sit fundus, ipsa autem sola servitutis natura est consideranda; ædificia urbana quidem, ut ait Ulpianus, prædia appellamus : cæterum, et si in villâ ædificia sunt, æquè servitutes urbanorum prædiorum constitui possunt.

Hujus divisionis magna præsertìm in antiquo jure erat utilitas; etenim quanquam res incorporales, pro magno horum momento, rusticorum prædiorum jura mancipi habebantur, cætera verò nec mancipi. Posteà hâc rerum distinctione sublatâ non parvi etiam interfuit : servitutes quæ in superficie consistunt, plerumquè quibusdam signis apparent, et continuæ sunt; idèo possessione retineri possunt, nec certo tempore non utendo pereunt, sicut infrà dicetur. Eadem prædiorum urbanorum jura nunquam pignori vel hypothecæ dari possunt, si autem de rusticis agitur, talis conventio locum habet.

## DE SERVITUTIBUS PRÆDIORUM URBANORUM.

Jam suprà de natura prædiorum urbanorum servitutum diximus; in superficie consistunt ubicumque sint ædificia. Superest ex illis præcipuas enumerare quæ sunt :

*Non altiùs tollendi ædes suas*, vicinus hâc lege jam ædificium suum extollere, etiam, si nudus fundus, construere non potest.

*Stillicidium vel flumen, in ædes suas, vel in aream, vel in cloacam recipiendi.*

*Vicini onera sustinendi.* Hâc in servitute ille cujus ædes serviunt, debet columnam restituere, quæ onus vicinarum ædium sustinet; quia pactio sic interpretatur, ut et onus ferat, et ejusdem modi paries in perpetuum sit, qui onus sustineat. Præterea nec hæc est exceptio, nam Labeo servitutem non hominem debere, sed rem, denique licere domino rem derelinquere scribit.

*Immittendi tigna in parietem vicini*, hæc vero locum habet ut vicinus tigna suscipiat, nec ut parietem reficiat.

*Jus luminum et ne luminibus officiatur.* In servitute luminum constituta id adquisitum videtur ut vicinus nostra lumina excipiat, autem in servitute ne luminibus officiatur, non jus est quidem vicino, nobis invitis altiùs ædificare, atque ità, vel alio quodam modo nostrorum ædificiorum lumina minuere. — Ejusdem generis est servitus *ne prospectui offendatur,* quod in prospectu plus quis habet, ne quid ei officiatur ad gratiorem prospectum et liberum.

Deniquè *altiùs tollendi* et *stillicidium non recipiendi;* de harum utilitate controversia est. Probabiliter, in eo consistunt quod quibusdam ædilitiis edictionibus licebat derogare.

Cæterùm omnia diversa jura quæ in ædificio, ad vicini ædificii commodum constitui possunt, etiam si innominata, prædiorum urbanorum sunt servitutes.

## DE SERVITUTUM PRÆDIORUM URBANORUM CONSTITUTIONE ET ACQUISITIONE.

Semel constitutæ fundo inhærentes, servitutes fundum sequuntur et novo domino prosunt. Videndum est quibus modis primum imponi possint.

Olim, quùm res incorporales essent, per se non usu capiebantur, nec traditionem recipiebant, tantùm, in jure cessione, adjudicatione, aut lege acquiri poterant. Et quidam varia legatorum genera erant discernenda. Posteà, utilitatis gratiâ, Prætores, in quibusdam adjunctis, utilem actionem concesserunt; jus justinianeum quatuor servitutes constituendi modos confirmat.

*Pactionibus et stipulationibus :* nec ait legislator pactionibus vel stipulationibus, utraque est adhibenda; sic etiam solùm obligatio nascitur, prætereà juris quasi traditio sequi debet; et pro traditione possessionis usus ejus juris accipiendus est. Dominus qui duo prædia habens, et alterum tibi dederit vel tradiderit, eâ lege ut id prædium quod datur, serviat ei quod ipse retinet, vel contrà, jure imposita servitus intelligitur dum hujus species sit expressa.

*Testamento.* Si quis hæredem suum damnat, in suo fundo ne quid faciat, vel ut patiatur vicinus facere; aut si directò cuidam viam aut aliam servitutem legat. Justiniani Constitutio disposuit ut omnibus legatis una sit natura, et quibuscunque verbis derelicta sit, etiam per in rem actionem legatorio illam servitutem persequi licet.

*Adjudicatione.* In actionibus familiæ erciscundæ et communi dividundo.

*Usucapione.* Hoc modo, illæ tantùm quæ in superficie consistunt servitutes, possessione retinentur, nam si fortè, exempli gratiâ, stillicidium in tuum projecero, quia in tuo aliquo utor, sic quasi facto quodam possideo. Olim jus civile hanc usucapionem prohibebat, attamen Prætores utilia interdicta dare solebant modo si quis nec vi, nec clam, nec precario possideret; indè Imperatorum Constitutiones et novissimum jus.

Servitutes prædiales, ipso quidem jure, neque ex tempore, neque ad tempus, neque sub conditione, neque ad certam conditionem constitui possunt; si verò hæc adjiciantur, per pacti vel doli exceptionem occurretur contra placita servitutem vindicanti. Modum autem servituti adjici posse constat;

fortè ut quis illâ alternis diebus utatur, aut ut ad certam fundi partem duntaxat imponatur.

Solus dominus prædio servitutem constituere potest; hinc quis duas ædes simul tradendo, alteras alteris servas non efficere potest, quia nec jam illas habet in bonis. Item unus ex communis prædii dominis servitutem imponere non potest.

Non solum per semetipsum sed et per eos quos in suâ potestate habet quis acquirere potest. Urbs igitur per servum suum servitutem rectè acquirit.

Futuro ædificio, quod nondum est, vel imponi vel adquiri servitus potest.

Deniquè jus servitutis porrigitur etiam ad omnia adminicula sinè quibus id fieri non potest. Sic si domo mea altior area tua esset, tuque mihi per aream tuam in domum meam ire agere cesseris, nec ex plano aditus ad domum meam esset, vel gradus, vel clivos propius januam meam jure facere possum; dùm ne quid ultrà quod necesse est, itineris causâ demoliar. Nec dominus fundi servientis potest usu servitutis prohibere, sicut ibi ædificaret, ubi cassitare cœpisset stillicidium; nec dominus fundi dominantis graviorem reddere : leniùs facere potest, acriùs non.

## QUEMADMODUM SERVITUTES URBANÆ AMITTUNTUR.

Præcipuè servitutes urbanæ amittuntnr quatuor modis, de quibus breviter dicendum est.

I. Si duorum prædiorum alterum diruitur, cùm jam servitute vicinus uti non possit. Sed refecto ædificio, utilitatis causa, eadem specie et qualitate illam reponi receptum est.

II. Si idem utriusque prædii dominus esse cœperit, tunc confusa sublataque servitus est, si verò confusio rescinditur, restitui in pristinum statum debet.

III. Et servitus donatione tollitur, perindè ac si, illam sibi debitam dominus directè remiserit, aut si permiserit aliquid facere quod illius usum prohibeat.

IV. Deniquè non utendo; et quia servitutes omnes, inquit Justinianus, tantummodò soli rebus annexæ sunt, non biennio, sed decennio contra præsentes vel viginti spatio annorum contrà absentes.

## POSITIONES.

I. Servitutum natura non ea est ut aliquid faciat quis, sed ut aliquid patiatur vel non faciat.

II. Quomodo prædiorum jura inter se discrepent non ex qualitate vel loco, sed ex ipsâ servitutis naturâ cernere est.

III. Prædiorum jura non pactis et stipulationibus, sed et quasi traditione constituuntur.

IV. Prædiorum jura longa possessione acquiri possunt.

V. Servitutes non utendo per tempus tantum extinguuntur.

# DROIT FRANÇAIS.

*Code Napoléon.* — Livre 11, titre 3, chap. 2, art. 625 à 635.
— — Livre 11, titre 4, chapitre préliminaire et
chap. 3, art. 637 à 639. — 686 à 710.
*Code Forestier.* — Art. 61 à 85. — 120 et 121.

La propriété est le droit de retirer, par préférence à tous, d'une chose quelconque, dont elle suppose l'acquisition préexistante, et la conservation, toute l'utilité que cette chose est capable de procurer. C'est le droit réel par excellence, *plena in re potestas;* il comprend en soi, dans son unité, tous les autres droits appelés réels qui n'en sont que des démembremens. La loi seule, dans l'intérêt général, peut apporter des limites à son exercice : aussi dans ce sens l'a-t-on qualifié d'absolu.

Au nombre de ces droits réels, qui en se détachant de la propriété en diminuent plus ou moins l'étendue, sont : lès droits d'usage et les droits appelés servitudes.

I.<sup>re</sup> PARTIE. — DU DROIT D'USAGE EN GÉNÉRAL.

Considérant les divers résultats utiles que le propriétaire pouvait retirer de sa chose, les jurisconsultes romains ont nettement distingué dans le droit de propriété, trois droits partiels principaux : *Jus utendi, Jus fruendi, Jus abutendi:* droit d'user, droit de percevoir les fruits de toute nature, droit de disposer par transformation ou aliénation. Cette distinction admise, le droit d'usage ne fut d'abord pour eux que le droit de se servir de la chose elle-même, suivant sa destination naturelle, sans en percevoir les fruits ni en altérer la substance. Plus tard, peu à peu et par concessions successives, soit pour ne pas interpréter trop rigoureusement la volonté de parties, soit à cause de la nature même de la chose, ou pour quelqu'autre motif, ils admirent, par

2

faveur, l'usager à prendre quelques portions de fruits ; mais toujours conséquens, ils ne lui enlevèrent ni ne modifièrent son droit à l'usage qu'il conserva plein et entier.

Dans notre Code, le droit d'usage apparaît avec l'extension admise par la législation de Justinien ; mais son caractère propre et fondamental a disparu, ce n'est plus qu'un usufruit restreint. L'usager d'un fond, par exemple, n'a plus que le droit d'en percevoir les fruits nécessaires à ses besoins quotidiens ; il ne peut réclamer, comme étant de l'essence de son droit, l'usage exclusif du fond entier. De là la brièveté des dispositions relatives à ce droit, ses différences avec l'usufruit, et les difficultés pratiques qu'il présente.

Le droit d'usage, à quelque objet qu'il s'applique, est un droit réel, un droit de préférence opposable à tous ; mais en considérant ce droit au point de vue de la qualité en vertu de laquelle on peut le posséder, on a distingué le droit d'usage personnel et le droit d'usage prédial : si au moment de la création de ce droit il a été convenu qu'il serait attribué à telle ou telle personne déterminée, pour, par elle en jouir pendant sa vie ou jusqu'à une époque fixe, ce sera le droit d'usage personnel ; si au contraire on a voulu que ce démembrement de la propriété en restât séparé perpétuellement, c'est-à-dire tant que durerait la chose sur laquelle il porte, et qu'il fût attaché à un fond voisin pour augmenter en quelque sorte l'étendue du droit de propriété de ses propriétaires présens et futurs, ce sera le droit d'usage prédial. Ici, l'usager n'a son droit d'usage qu'en qualité de propriétaire du fonds, et tant qu'il conserve cette qualité.

Le Code (art. 625 à 635) ne s'est occupé que du droit d'usage personnel ; il a renvoyé aux lois spéciales pour le droit d'usage prédial, notamment celui dans les bois et forêts. Nous ne pouvons que suivre cet ordre, qui nous est tracé d'avance par notre matière.

## Section Iʳᵉ. — *Du droit d'usage personnel.*

Le droit d'usage, comme nous l'avons dit plus haut, n'est autre chose qu'un droit d'usufruit restreint ; mais il faut bien comprendre le caractère propre de cette restriction : elle consiste en ce que l'usager ne peut rien prendre au-delà de ses besoins, c'est là la mesure de son droit, mesure variable et toute personnelle, qui nous explique pourquoi le droit est incessible et indivisible. Voudrait-on, sous prétexte de créer un droit d'usage, stipuler que l'on prendrait chaque année telle partie aliquote de fruits à titre de forfait pour ses besoins, ce serait non plus en réalité un droit d'usage, mais seulement, suivant

les cas, un usufruit partiel ou une obligation personnelle de fournir annuelle-
ment une telle prestation.

Toute espèce de choses, meubles ou immeubles, capables d'être l'objet d'un
véritable usufruit, est susceptible du droit d'usage. Quand celui-ci porte sur
une maison, il prend le nom de droit d'habitation, et quoique le Code Napoléon
semble, dans les art. 627, 632 et suiv., faire de l'usage et de l'habitation deux
droits différens, la différence n'est que nominale. C'est là une trace de l'influence des souvenirs du droit Romain. L'habitation était à Rome un droit
*sui generis*, objet même de plusieurs controverses; il différait de l'usage en ce
qu'il n'était pas comme lui une servitude personnelle, mais un avantage s'ac-
quérant jour par jour; et il se rapprochait de l'usufruit en ce qu'il pouvait se
louer. En supprimant en fait toute différence, on en a laissé par mégarde une
apparente dans le texte de la loi.

Le droit d'usage ne peut être constitué que d'une seule manière : par la
volonté de l'homme, se manifestant soit dans un acte entre vifs, soit dans un
testament, c'est là un des points où il diffère de l'usufruit. Malgré l'énonciation des art. 625 et 579, on ne trouve dans la loi aucun cas d'usage légal ; les
droits concédés à la veuve par les art. 1465 et 1570 ne sont qu'une faveur, la
femme n'est pas tenue des obligations propres de l'usager.

On peut créer le droit d'usage sous diverses modalités : purement et sim-
plement, sous condition suspensive ou résolutoire, pour commencer ou finir
à une époque déterminée ; il pourrait même être borné à une certaine sorte
de fruits, mais cette convention, comme toutes les autres, devrait être
expresse ; car l'usager d'un domaine a droit de percevoir sur chacune des différentes espèces de fruits qu'il produit, ce qui lui est nécessaire.

On s'est demandé si par la prescription on pouvait acquérir l'usage. Ici il
faut répondre qu'à chaque espèce particulière on devra appliquer les principes
généraux de ce mode d'acquisition. L'usage que l'on réclame a-t-il été continu,
paisible, public, comme dans le cas où on est resté en possession de la maison
ou du fonds sur lequel il s'exerce, nul doute qu'on ne puisse prescrire par dix
ou vingt ans avec titre et bonne foi, ou même par trente ans sans titre ni
bonne foi; au contraire, cet usage n'a-t-il consisté qu'en des actes isolés, dis-
continus, comme dans le cas où il est fait périodiquement des perceptions
par l'usager, sans que la chose ou le fonds soit entre ses mains, alors on ne
pourra le revendiquer qu'en vertu d'un titre.

De quelque manière que l'usage ait été établi, il est incessible; par suite, ne
peut être hypothéqué ni saisi, cela tient à la nature du droit. Il ne pourrait

même être cédé ni loué pour partie les besoins de l'usager sont susceptibles de changer d'un jour à l'autre, ceux du cessionnaire ne sauraient être identiquement les mêmes. C'est là encore une différence avec l'usufruit; celui-ci, en effet, comprenant la totalité en une quote-part fixe des fruits, il importe peu au propriétaire que ce soit tel ou tel qui l'exerce, puisque jamais la limite fixée ne peut être dépassée.

La capacité, pour constituer un droit d'usage ou pour en profiter, est soumise aux règles générales en matière de contrats; il y a lieu, seulement, d'examiner quels sont les droits, et corrélativement quels sont les devoirs de l'usager.

Le titre, s'il en existe un, et s'il règle l'étendue de l'usage, fera la loi des parties; c'est un principe général. Mais il n'a rien été statué sur ce point, que fera-t-on? Les art. 630, 632, 633 et 635 du Code Napoléon essaient de poser des règles d'interprétation, règles peu précises et qui, par cela même, engendrent plusieurs difficultés.

L'usager, dit-on, ne pourra rien prendre au-delà de ses besoins et de ceux de sa famille. — Que comprend ce mot famille? Les auteurs sont peu d'accord sur l'extension à donner à cette expression; elle comprend, sans aucun doute, la femme et les enfans légitimes ou légitimés. Mais que dire des enfans naturels et adoptifs, des petits-enfans? Que dire des ascendans, des parens vivant avec l'usager, des serviteurs? Il paraît bien difficile, sur chacun de ces points, d'établir une règle précise; ce sera, croyons-nous, une question de fait. Les juges apprécieront le but que s'est proposé le constituant, la connaissance qu'il avait ou non de la position de l'usager, si la concession a eu lieu à titre gratuit ou onéreux, etc., et ils décideront d'après les circonstances.

Quand il s'agit de l'usage d'un fonds ou d'une maison, il y a des frais de culture, des réparations à faire; à la charge de qui seront-ils? En outre, qui sera mis en possession du fonds? Ces deux questions tiennent l'une à l'autre.

Sur ce second point, on admet généralement qu'il faut distinguer: si l'usager absorbe la totalité ou presque la totalité des fruits, ou lui laisse la possession. Dans le cas contraire, il reçoit sa portion de fruits des mains du propriétaire. Peut-être faut-il aller plus loin, et dire qu'il n'a droit à jouir par lui-même que dans le cas où, pour satisfaire à ses besoins, les fruits récoltés par le prepriétaire sont insuffisans, déduction faite des frais de culture. Dans tous les cas, chacune des parties conserve toujours le droit de surveillance, pour éviter qu'il ne soit fait aucune fraude à ses droits.

Venons à la première question; elle est rendue plus difficile par la contradiction des art. 630 et 635 *in fine.* Pour la résoudre, rappelons-nous la nature du droit d'usage ; c'est un droit réel, un droit de préférence ; il a même un caractère alimentaire, puisqu'il a pour mesure les besoins de celui qui le réclame ; bien plus, s'il existe, ce n'est que par la volonté du propriétaire, celui-ci a donc dû prévoir toutes les conséquences possibles de son acte ; il a su que dans des circonstances données, il pourrait perdre toute la jouissance. Dans cette limite donc, il n'a pas à se plaindre. L'usager, de son côté, quelque puisse être l'extension ultérieure de ses besoins, n'a jamais dû compter recevoir plus que ce que le fonds pouvait produire ; il n'a pas pu supposer que le propriétaire compléterait, par des prestations supplémentaires, ce qui manquerait pour satisfaire à ses besoins. Cela posé, voyons ce que dit la loi : « Si « l'usager absorbe les fruits du fonds, ou s'il occupe la totalité de la maison, « il est assujetti aux frais de culture, aux réparations d'entretien et au paie-« ment des contributions comme l'usufruitier. » Rien de plus juste ; mais on ajoute : « S'il ne prend qu'une partie des fruits, ou s'il n'occupe qu'une par-« tie de la maison, il contribue au prorata de ce dont il jouit. » Faut-il entendre ce texte en ce sens qu'il doit contribuer aux frais d'entretien et autres, alors même qu'il reçoit sa portion de fruits des mains du propriétaire ? Nous ne le pensons pas ; cela est contraire à la nature du droit et à la saine interprétation de la volonté des parties. L'usager a droit à tout ce qui est nécessaire à ses besoins ; si on le forçait de contribuer aux dépenses, cette règle serait ouvertement violée. On ne peut pas supposer que le législateur ait voulu, à cinq lignes de distance, modifier un article de principe par une règle d'interprétation qui lui est nécessairement subordonnée, et dont l'application présenterait de grandes difficultés. Les dispositions si brèves, relatives au droit d'usage, ne sont pas tellement bien coordonnées que nous ne puissions voir là une trace de rédaction précipitée, comme il s'en trouve quelques-unes dans le Code. Peut-être les rédacteurs ont-ils voulu dire seulement que, si la valeur des fruits restant au propriétaire était inférieure aux sommes par lui dépensées, il pourrait, ce qui est juste et ce que nous admettons, réclamer à l'usager cet excédant, de manière à ce qu'il ne soit jamais obligé à plus que ce qu'il a dû prévoir, c'est-à-dire l'abandon de la jouissance entière. Mais ce cas arrivant, l'usager aurait le droit de demander à être mis en possession du fonds ; ne recevant plus ce qui lui est nécessaire, il doit être reçu à cultiver à ses risques et périls. Peut-être des soins plus diligens amèneront-ils un produit plus considérable. Alors, se trouvant par le fait assimilé à l'usufruitier, il supporte comme lui les charges de la jouissance. En un mot, il fait les frais de culture et d'entretien quand il est en possession, et il ne peut exiger cette mise en possession que quand le propriétaire, cultivant lui-même, ne lui fournit pas ce qui est nécessaire à ses besoins.

On a donné de la fin de l'art. 635 une explication qui peut être admise ; on a dit qu'il s'appliquait au cas seulement où il y a eu entre le propriétaire et l'usager, à titre provisoire, bien entendu, et sauf augmentation en cas d'accroissement notable des besoins, un aménagement, un partage, une sorte de cantonnement, au moyen duquel une partie du fonds a été abandonnée en jouissance à ce dernier, pour lui tenir lieu de son droit d'usage. Les expressions : « Au prorata de ce dont il jouit, » sont favorables à cette interprétation, elles supposent la possession du fonds par l'usager ; l'article alors s'appliquerait toujours au droit d'habitation.

Quand l'usager n'a pas la possession de la chose sur laquelle porte le droit d'usage, on ne peut rien exiger de lui que de ne pas demander au-delà de ses besoins.

Au contraire s'il est mis en possession du fonds, alors seulement commencent pour lui des devoirs corrélatifs à ses droits.

Comme l'usufruitier, avant d'entrer en jouissance, il doit faire procéder à l'inventaire du mobilier, et à la constatation de l'état des immeubles. (Art. 626.)

Pendant la jouissance, il doit se conduire en bon père de famille, par suite il répond comme tel de ses fautes. (Art. 927.)

Enfin l'usage venant à cesser, il doit rendre les choses qu'il a reçues dans un bon état de conservation, s'il a fait des améliorations, des augmentations, les indemnités seront reglées comme à l'égard de l'usufruitier.

Il reste à examiner comment se perd le droit d'usage : Le Code dit : de la même manière que l'usufruit, mais cela n'est pas entièrement exact. En effet il ne se perd pas par la mort civile, et s'il est accordé à des corporations, à des personnes juridiques qui ne meurent pas, il peut durer plus de 30 ans. De ces deux exceptions : la première s'explique par cette considération que le droit d'usage, par sa nature même, a un caractère alimentaire ; c'est en vain qu'un jugement aura déclaré que tel individu devait civilement être considéré comme mort, physiquement il ne cesse pas d'avoir des besoins à satisfaire ; il faudra toujours qu'il se loge, qu'il se nourrisse, et par une singulière anomalie, la loi même qui l'a réputé mort, lui doit protection pour l'exercice de ces droits qu'il tient de sa condition d'homme. La seconde exception tient également à la nature du droit d'usage : le plus ordinairement l'exercice de ce droit n'enlève pas toute la jouissance au propriétaire, et quand même aujourd'hui cette jouissance serait absorbée, demain elle peut ne pas l'être et présenter des profits ; le droit du propriétaire n'est pas rendu complétement inutile, le motif qui a dicté l'art. 619 n'existant pas, l'article par conséquent est inapplicable.

### Section II. — *Du droit d'usage dans les forêts.*

Le droit d'usage dans les forêts prend son origine à l'époque la plus reculée de notre histoire ; il est né non pas d'une convention expresse des parties, mais de la force des choses. Quand à la suite des invasions successives et sous l'influence croissante de la féodalité, toute la propriété territoriale se trouva concentrée entre les mains d'un petit nombre de seigneurs, ceux-ci, dans l'impossibilité d'exploiter leurs vastes domaines, se virent contraints, pour en tirer quelque profit, d'en concéder diverses portions à ceux qui pouvaient et voulaient bien se charger de la culture. Mais pour cultiver il faut des bestiaux, des bâtiments, et ces colons ou serfs n'ayant pour la plupart aucune ressource, et ne possédant pour vivre que leurs bras, il fallut bien les laisser conduire leurs troupeaux sur les terres vacantes, et prendre dans les forêts le bois nécessaire pour construire des abris et alimenter leurs foyers. Dans les premiers temps, sans doute, les concessions durent être personnelles, mais elles ne tardèrent pas à s'immobiliser en quelque sorte ; il se forma entre les cultivateurs réunis par les mêmes besoins de petites associations ; les droits se transmirent peu à peu des concessionnaires originaires à leurs descendans, sous la condition de rester comme attachés au domaine ; et plus tard ces associations de fait se perpetuant et se fortifiant devinrent, quand l'organisation féodale eut peu à peu disparu, des communes indépendantes, tout en conservant les droits d'usage qu'elles ne tenaient, dans le principe, que de la concession expresse ou tacite du seigneur du fief. C'est là, on ne peut le contester, la seule origine d'un grand nombre de communes de la France actuelle.

Sous l'influence des idées modernes et du morcellement toujours plus grand de la propriété, ces droits d'usage tendent à disparaître. L'État est resté presque le seul grand propriétaire, et comme déjà avaient tenté de le faire, l'ordonnance de 1669 et les lois de ventôse an XI et an XII, le Code forestier prend des mesures pour arriver peu à peu à les supprimer autant que possible. Ces droits, en effet, ne peuvent plus sous aucun prétexte être concédés, et ceux qui ont été jugés exister valablement avant 1827, sont essentiellement rachetables, c'est-à-dire que l'État peut toujours s'en affranchir, suivant la nature du droit, soit au moyen du paiement d'une indemnité, soit au moyen de ce qu'on appelle un cantonnement, abandon en toute propriété fait à l'usager par le propriétaire, d'une portion de la forêt usagère pour tenir lieu du droit d'usage.

Les droits d'usage dans les forêts sont de diverses sortes et portent différens noms : on distingue les usages en bois et les usages en pâturage. Les premiers comprennent notamment l'*affouage*, ou le droit de prendre le bois nécessaire au chauffage pour la maison ou la commune usagère ; le *maronage* ou prise de bois de construction ou de réparation pour bâtimens ; la *prise d'échalas*, droit de tirer de la forêt les échalas nécessaires aux vignes voisines. Les seconds comprennent le droit de *pâturage* ou *pacage*, soit en vive soit en vaine pâture, et le droit de *panage* et *glandée*.

Tous ces droits différens et les autres moins importans, peuvent, quant à leur étendue, varier à l'infini suivant les coutumes locales, la manière dont ils ont été constitués, etc. Il n'y a rien de fixe à cet égard ; mais en tout cas s'il y a un titre écrit, ce titre fera loi pour tout ce qu'il aura réglé.

Il peut exister des droits d'usage tant sur les bois et forêts de l'État que sur ceux des particuliers ; les mêmes règles sont presque toutes également applicables dans les deux cas.

L'usage peut être constitué soit au profit d'un fonds voisin, soit au profit d'une commune ou de quelque autre établissement public ; dans ce cas, ce n'est qu'en qualité de propriétaire de tel fond, de membre de telle commune, qu'il est permis de prétendre au droit d'usage, et ce droit se perd avec la qualité qui le donne. C'est là précisément l'un des caractères de l'usage prédial. Il diffère de l'usage personnel en ce qu'il ne peut être constitué à terme ; et d'un autre côté, il diffère de la servitude réelle en ce que les limites de son étendue ne sont jamais comme pour celle-ci déterminément fixées ; elles peuvent augmenter ou diminuer suivant que les besoins de l'usager eux-mêmes augmentent ou diminuent. De plus, spécialement en matière d'usage dans les bois et forêts, suivant l'état et la possibilité de ceux-ci, ces limites peuvent encore être restreintes.

En effet, les mêmes considérations d'utilité publique qui ont fait prohiber la création de nouveaux droits d'usage, ont fait donner à l'État le droit de restreindre les anciens. Il ne fallait pas que l'existence des forêts pût être compromise ; aussi toujours le concours de l'Administration est-il nécessaire : c'est à elle à fixer chaque année la durée de l'exercice du droit, les cantons où il se fera, le nombre de têtes de bétail ou de porcs qui pourra être admis, les chemins par lesquels les troupeaux pénétreront, la manière dont ils seront accompagnés, les signes distinctifs qui les marqueront. Quant aux droits d'usage en bois, les usagers, quels qu'ils soient, ne peuvent prendre ces bois qu'après que la délivrance leur en a été faite par les agens forestiers, à moins qu'il ne s'agisse de bois mort sec et gisant; ils ne peuvent en tout cas employer les bois à une autre destination que celle pour laquelle le droit d'usage a été concédé, quelquefois même ils doivent le faire dans un certain délai. Le tout, en cas de contraventions aux divers règlemens, sous diverses peines corporelles et pécuniaires plus ou moins rigoureuses.

Les bois des particuliers sont soumis aux mêmes règles que ceux de l'État, et les propriétaires ont les mêmes droits et exercent la même surveillance. Survient-il des difficultés entre eux et les usagers, toutes seront jugées par les tribunaux ordinaires, à l'exception toutefois, croyons-nous, de la question de savoir (art. 62 Code Forestier), si la conservation du droit de pâturage est indispensable ou non à la Commune.

En ce qui concerne les bois de l'État, il faut au contraire toujours faire attention à la nature de la contestation. Porte-t-elle sur le droit lui-même? elle appartient exclusivement aux tribunaux civils, sauf à ceux-ci, si pendant le cours de l'instance on demande l'interprétation d'un acte administratif, à renvoyer les parties devant qui de droit pour obtenir cette interprétation; mais quand il ne s'agit que de contestations sur les arrêtés qui ont réglé l'exercice du droit, c'est à l'administration qu'il faut s'adresser; par la voie contentieuse si on prétend qu'il y a eu un droit violé ou une formalité légale inobservée; par la voie gracieuse, au contraire, si l'acte émane de l'autorité agissant dans la plénitude de son libre arbitre, et n'a fait que blesser un intérêt sans léser un droit.

Enfin, comme nous l'avons dit déjà, on peut toujours s'affranchir de ces droits d'usages, en offrant un cantonnement pour les usages en bois, ou une indemnité en argent pour les usages en paturage, panage et glandée, à la condition cependant que ces usages ne soient pas absolument nécessaires à la commune.

## II.e PARTIE. — DES SERVITUDES.

### § I<sup>er</sup>. — *Des servitudes en général.*

Dans le cours ordinaire des choses, les édifices, les terres qui nous appartiennent ne doivent de services qu'à nous-mêmes; ils ne sont assujettis qu'à un seul maître : c'est dans ce sens qu'on les appelle libres. Mais si contrairement à cet état normal, quelque autre que nous possède le droit de faire, sur nos fonds, quelques actes de propriété, ou de nous empêcher de les faire, alors ils ne sont plus libres, ils sont en servitude ou grevés d'un droit de servitude.

La servitude n'est donc autre chose qu'une modification, une diminution du droit de propriété. Cette modification peut avoir été consentie soit en considération d'une personne et seulement pour elle, pendant sa vie ou pour un certain temps, soit pour l'utilité et l'agrément d'un fonds voisin, et pour y rester en quelque sorte attachée tant que ce fonds subsistera. Dans l'un et l'autre cas le démembrement de la propriété est de même nature, c'est un assujettissement; aussi notre ancien droit comme le droit romain, distinguait-il les droits réels qui en découlaient sous une même dénomination générique, en servitudes personnelles et servitudes prediales ou réelles. Mais dans le Code Napoléon, le mot servitude est spécialement consacré à désigner ces dernières; on a même essayé de remplacer cette appellation par celle de service foncier. Cette singulière préoccupation des législateurs à écarter le mot servitude, s'explique historiquement par la date même de la loi.

La servitude est définie par le code ( art. 637 ). « Une charge imposée « sur un héritage pour l'usage et l'utilité d'un héritage appartenant à un « autre propriétaire. » Sans doute cela est exact au point de vue passif, mais il eut mieux valu dire un droit, en la considérant au point de vue de celui qui en jouit, ce serait plus conséquent avec les autres définitions données par le Code, et de plus cela expliquerait mieux certaines servitudes comme celles *altiùs non tollendi*, et autres qui consistent à ne pas faire. Remarquons ensuite qu'il ne peut exister de droits qu'au profit des personnes, et que laissant de côté la métaphore, il eut fallu dire au profit du propriétaire d'un héritage voisin à l'occasion de cet héritage.

De cette définition de la servitude, il résulte que, pour qu'elle existe, il faut nécessairement qu'il y ait deux fonds voisins appartenant à deux propriétaires différens, et situés à une telle distance que l'exercice de la servitude soit possible; il faut de plus que celle-ci ait sa raison d'être dans une utilité réelle pour le fonds dominant, sans cela sa durée étant naturellement perpétuelle comme l'immeuble auquel elle est attachée, les droits qui n'auraient pas ce caractère, pourraient dégénérer en une véritable tyrannie, et l'on verrait rétablir de fait les anciens droits féodaux, que la loi a pris tant de soin de proscrire. Enfin il faut que du côté du fonds servant, cette servitude ne constitue que l'obligation de maintenir le fonds dans un certain état matériel.

Dans les limites posées par cette définition et par la règle générale qu'on ne doit rien faire de contraire à l'ordre public, le nombre des diverses servitudes qu'il est possible d'établir, est indéterminé; elles peuvent varier à l'infini, suivant la nature, la situation des fonds et le caprice des propriétaires; ceux-ci même peuvent dans ces limites modifier à leur gré les servitudes dites légales; car ici la loi n'intervient que pour le cas où les parties elles-mêmes n'ont rien stipulé.

On peut considérer les servitudes à divers points de vue, de là leur division en plusieurs classes. La loi recherche d'abord les différentes causes qui leur peuvent donner naissance; elle semble en distinguer trois ( art. 639 ); mais il n'y en a en réalité que deux : la loi et la volonté de l'homme. La distinction qu'on veut faire entre les servitudes imposées par la loi et celles qui dérivent de la situation des lieux, est une distinction creuse. Toutes les servitudes ne sont précisement établies qu'à raison de la situation des lieux, sans doute naturellement les eaux du fonds supérieur sont entraînées à couler sur le fonds inférieur, mais qui empêcherait, si la loi ne le défendait pas, que le propriétaire du fonds inférieur ne fît sur son terrain, tels travaux d'art qu'il jugerait utiles pour repousser ces eaux qui le gênent? l'assujetissement qui lui est imposé et les autres de même nature, ne sont des servitudes que parce que la loi les consacre. Nous n'avons à nous occuper ici que de la seconde classe des servitudes, celles résultant de la volonté de l'homme.

Considérées non plus dans leur origine, mais au point de vue des conditions de leur existence, les servitudes sont apparentes, s'annonçant par quelque signe extérieur, ou au contraire non apparentes. En second lieu elles sont continues, quand elles sont ou peuvent être continuelles dans leur exercice sans le fait actuel de l'homme, ou bien discontinues quand elles ont besoin du fait actuel de l'homme pour être exercées. Si on combine entre elles ces diverses qualités, on voit que la servitude peut être apparente et continue, non apparente et continue, non apparente et discontinue; cette distinction a de l'importance quant à la manière de les acquérir.

Enfin on dit qu'une servitude est positive, lors qu'elle donne le droit de faire certains ouvrages sur le fonds servant, négative lorsqu'elle enlève au propriétaire de ce fonds le pouvoir de faire certains actes de propriété.

Nous ne parlerons que pour mémoire de la division en servitudes urbaines et rurales , division toute romaine, rappelée par inattention dans l'art. 687 ; mais qui n'a chez nous aucune utilité.

### § II. — *Des servitudes établies par le fait de l'homme.*

Pour pouvoir établir une servitude il faut être propriétaire de l'immeuble grevé, et de plus maître de ses droits ; il faut en un mot avoir le pouvoir d'aliéner, car la création d'une servitude est une véritable aliénation d'une partie de la propriété. Par suite tous les administrateurs des biens d'autrui, ne peuvent jamais constituer de servitude sans obtenir les mêmes autorisations et sans observer les mêmes formes que pour une cession de propriété. Ceux qui n'ont qu'un droit résoluble, comme un donataire, un acquéreur sous condition, ne peuvent conférer plus de droits qu'ils n'en ont eux-mêmes, et les servitudes qu'ils consentiraient, s'évanouiraient par l'extinction de leurs droits. En tout cas, les servitudes nouvellement établies ne doivent pas préjudicier à des droits précédemment acquis ; ceux qui en souffriraient, l'usufruitier par exemple, les créanciers hypothécaires même , pourraient les méconnaître ; enfin , un seul des co-propriétaires d'un immeuble indivis ne peut le grever d'une servitude sans le consentement des autres.

Quant à l'acquisition des servitudes, elle est permise beaucoup plus facilement que l'aliénation ; en effet, il a toujours été permis, même à ceux qui sont en tutelle ou en curatelle , de rendre leur condition meilleure ; et pour le fonds dominant, la création d'une servitude, en augmente la valeur ou l'agrément. On peut valablement acquérir une servitude pour un tiers, soit en se portant fort pour lui, soit en en faisant la condition d'une direction ou d'une stipulation personnelle à titre onéreux.

En principe , nous l'avons dit, la liberté la plus grande est laissée pour la création des servitudes, pourvu qu'elles n'aient rien de contraire à l'ordre public. Elles ne peuvent reposer que sur des immeubles, cela résulte de leur définition ; mais elles ne sont pas nécessairement éternelles, elles sont susceptibles de diverses modalités ; elles peuvent être limitées dans leur durée, n'être stipulées que pour commencer à une certaine époque ou sous certaines conditions, etc.

Comme jusqu'à preuve contraire, tout héritage est présumé libre, ce sera toujours à celui qui réclamera une servitude, à justifier qu'il y a droit.

Les servitudes s'établissent de trois manières : par titres, par la destination du père de famille qui vaut titre, et par la prescription, ou mieux, comme dit le Code, par la possession de trente ans. De ces trois modes, le premier seul est général ; les deux derniers ne s'appliquent qu'à certaines servitudes.

I.ent *Par titres.* — Il faut entendre toute espèce de titres capables de transférer la propriété, actes testamentaires ou actes entre vifs, vente, échange, donation, partage de succession ou de biens indivis, etc. Mais dans tous ces actes, il faut avoir soin d'énoncer clairement le fonds dominant, le fonds servant, et l'espèce de service dû. Une simple énonciation qu'il y aura une servitude, ne suffirait pas ; il s'agit de créer une exception, et les exceptions sont toujours de droit étroit. Un jugement passé en force de chose jugée peut aussi, sous la même condition d'une désignation exacte, constituer un titre valable. A l'égard des servitudes qui ne s'acquièrent que de cette manière, jamais le titre ne peut être suppléé, si ce n'est par un acte récognitif émané du propriétaire du fonds asservi, et conforme aux prescriptions de l'art. 1337 du Code Napoléon.

II.ent *Par destination du père de famille.* — On ne peut avoir de servitudes sur sa propre chose. *Nemini res sua servit.* Si donc le propriétaire de deux fonds voisins établit entre eux certains services de l'un sur l'autre, ce ne sera pas là, à proprement parler, des servitudes. Mais que l'un de ces deux héritages, ou tous deux à la fois viennent à sortir de la main du maître commun, et à être divisés entre deux personnes différentes, s'il n'a rien été stipulé expressément pour la suppression de ces services, ils subsisteront et profiteront ou nuiront aux nouveaux propriétaires ; ils conserveront en un mot la destination que leur avait donnée le père de famille, ou qu'il leur avait laissée. Ici la loi procède par une interprétation de la volonté des parties. On n'a rien dit ; elle présume qu'on a voulu laisser les choses dans le *statu quo*. De ce principe plusieurs conséquences :

1.º Le service dont une mutation de propriété va faire une servitude doit, pour cela, réunir tous les caractères propres à celle-ci ; il doit avoir pour objet l'utilité du fonds dominant. Par suite, on ne pourrait réclamer le maintien d'un arrangement des lieux qui ne serait que de simple agrément, ou n'aurait qu'une utilité purement personnelle au propriétaire primitif des deux fonds.

2.º La destination du père de famille ne peut s'étendre qu'aux services qui sont une conséquence manifeste de la conservation des lieux au même état; et par cela même ce mode d'acquisition ne peut concerner que les servitudes apparentes, les seules que l'acquéreur ait pu prévoir au moment de son acquisition.

La destination du père de famille doit être prouvée; elle ne peut l'être que par la constatation de deux faits simultanés : la réunion des deux héritages entre les mains d'un même propriétaire, et l'existence de ce qui constitue la servitude antérieurement à leur séparation. Ces deux faits peuvent l'un et l'autre être prouvés par témoins; il est vrai que cette preuve sera plus fréquente pour le second que pour le premier; mais de ce que ordinairement il existera quelque titre de propriété établissant la réunion des deux fonds, il ne s'en suit pas nécessairement, comme quelques-uns l'ont prétendu, que la preuve écrite soit seule admissible.

Cependant il faut, croyons-nous, faire ici une distinction, et cette distinction tend à faire disparaître la contradiction apparente des art. 692 et 694. Quand il s'agira d'une servitude apparente et continue, il suffira toujours de la preuve testimoniale; mais si, au même titre de destination du père de famille, on réclame une servitude apparente discontinue, il faudra, de toute nécessité, rapporter un titre d'acquisition, pour, avant de faire constater l'existence de la servitude au moment de l'aliénation, prouver qu'à cette époque il n'a rien été stipulé quant à sa suppression. Le concours de ces deux faits étant indispensable pour justifier la présomption légale sur laquelle repose l'art. 694.

III.ᵉᵘᵗ *Par la possession de trente ans.* — Ce dernier mode d'acquisition ne s'applique qu'à une seule espèce de servitudes, à celles qui sont à la fois et apparentes et continues; et en édictant l'art. 690, on a fait disparaître, sur ce point, l'extrême diversité des Coutumes. C'est là une prescription unique, soumise d'ailleurs à toutes les règles générales de la matière ; seulement, comme la possession corporelle est impossible, on considère, comme équivalant à cette possession, l'exercice même du droit, et les trente ans courent du jour où a été fait le premier acte de cet exercice.

Les servitudes établies, des difficultés peuvent naître entre les propriétaires des deux fonds, c'est alors une question d'interprétation. La loi, dans les art. 696 à 702, pose quelques règles générales qu'elle eut pu laisser à la doctrine le soin de déduire des principes généraux.

Quand on a consenti une servitude, sans doute on a voulu concéder un droit utile, sans cela l'acte n'aurait aucun sens, on est donc censé avoir accordé tout ce qui est nécessaire pour en user. Ceci admis, le titre devra toujours former la première base de l'interprétation ; à son défaut, il faudra recourir à l'usage ; si tous deux manquent, tout en ayant égard à l'intention présumée des parties, on recherchera ce qui est le moins onéreux pour le fonds servant.

Le droit de servitude une fois déterminé et limité, le propriétaire n'en peut user que suivant ces limites, sans pouvoir faire, ni dans le fonds servant, ni dans le fonds dominant, aucun changement qui aggraverait la condition du premier. Il lui est permis de faire, à ses frais, tous les ouvrages nécessaires pour l'exercice et la conservation de son droit, mais rien au-delà. Réciproquement, le propriétaire du fonds servant ne peut, de son côté, rien entreprendre qui rendrait moins commode ou moins utile la servitude existante ; il ne peut modifier l'état des lieux, si ce n'est dans le cas ou devant lui-même souffrir un grave préjudice, le changement ne présenterait d'ailleurs qu'un très-médiocre inconvénient pour le fonds dominant. Enfin, du principe que la servitude est un droit réel et que l'on n'est tenu de la souffrir que comme détenteur de l'immeuble, on tire cette conséquence que, même quand le titre constitutif assujettirait à certains frais d'entretien, on peut toujours se dégager de cette obligation, en abandonnant la propriété du fonds asservi, ou de la partie de ce fonds qui doit la servitude.

Naturellement, lorsque par un accident quelconque les choses se trouvent dans un tel état qu'on ne peut plus user de la servitude, l'exercice de celle-ci est suspendu ; c'est ce qu'on appelle une cessation de la servitude, qu'il faut bien distinguer de l'extinction. Elle peut, il est vrai, quelquefois y conduire, si elle dure plus de trente ans ; mais qu'avant ce délai, les choses soient remises dans leur premier état ; que l'exercice de la servitude redevienne possible, la servitude revivra telle qu'elle existait auparavant. On voit là une exception à la règle générale : *Contrà non valentem agere non currit prescriptio.* Le législateur a voulu, par cette disposition, favoriser la liberté des héritages ; les paroles du rapporteur au Tribunat ne laissent aucun doute à cet égard. D'ailleurs, en tous cas, la prescription qui commence à courir du jour de la cessation de la servitude peut toujours être interrompue par une reconnaissance du droit faite par le propriétaire du fonds servant, ou par une assignation signifiée à cette fin par le propriétaire du fonds dominant. Si ce dernier à négligé ce moyen de conserver son droit, il est en faute et ne peut se plaindre.

Pour terminer, voyons comment s'éteignent les servitudes. Le Code énonce trois cas d'extinction : la consolidation, l'abandon de la chose grevée de servitude et la prescription ; mais ce ne sont pas les seuls, il faut y ajouter la remise, le rachat volontaire ou forcé, la résolution des droits du constituant, l'expiration du temps ou l'événement de la condition résolutoire, la ruine du fonds servant, qui sont des modes généraux d'extinction des droits, l'abolition qui serait prononcée pour cause d'utilité publique, et enfin dans des cas très-rares, l'annulation résultant d'une condamnation prononcée par les tribunaux, à raison de l'abus qu'aurait fait de la servitude le propriétaire du fonds dominant. Nous n'avons ici à dire quelques mots que des trois premières causes d'extinction.

La consolidation est la réunion dans la même main, du fonds servant et du fonds dominant. La servitude disparaît de plein droit par suite de la règle qu'on ne peut se rien devoir à soi-même; l'exercice de la servitude n'est plus alors que l'exercice du droit de propriété; mais la confusion qui s'est opérée n'est qu'un fait; ce fait venant à cesser par un événement quelconque, l'exercice d'un réméré, la réalisation d'une condition résolutoire, l'éviction d'une succession qu'on croyait justement acquise, les servitudes, qui étaient plutôt suspendues que véritablement éteintes, vont revivre *ex causâ antiqua* tant activement que passivement.

L'abandon que fait le propriétaire du fonds assujetti, éteint la servitude; il s'opère, à l'égard du fonds dominant une confusion : c'est là l'application du principe général, que celui qui n'est tenu que *propter rem* peut toujours se libérer en abandonnant la chose. L'art. 699 énonce formellement cette faculté en matière de servitude, et l'art. 656 en fournit un exemple; mais faut-il abandonner le fonds entier, ou seulement la partie sur laquelle s'exerce la servitude? Cette dernière opinion doit être suivie. En effet comprendrait-on que le propriétaire d'un champ de plusieurs hectares, grevé d'une servitude de passage à l'une de ses extrémités, fût obligé, pour se décharger de ce droit, d'abandonner le champ entier? La servitude est, il est vrai, de sa nature, indivisible; mais seulement quant à son exercice, rien n'empêche que le lieu même où elle s'exerce ne soit précisément déterminé.

Le non usage pendant trente ans entraîne la présomption d'un abandon du droit, et celui-ci cesse d'exister. C'est une prescription libératoire qui s'applique sans distinction à toutes les servitudes; elle est vue par le législateur plus favorablement que celle qui tend à acquérir; elle replace les choses dans leur ordre naturel. Il n'y a de différence entre les diverses servitudes, qu'à l'égard du point de départ des trente ans : s'il s'agit de servitudes discontinues, on compte depuis le dernier acte de servitude; s'il s'agit au contraire de servitudes continues, depuis le jour où il a été fait dans l'héritage servant un acte contraire à la servitude, les trente ans écoulés sans interruption, soit naturelle, soit civile, suivant les règles générales, la cessation de fait se change en une extinction de droit, toutefois, cette sorte d'extinction n'ayant été instituée que dans l'intérêt du fonds servant, les tribunaux ne pourraient d'office déclarer, pour ce motif, une servitude éteinte ; il faut que le moyen soit proposé par celui-là contre qui elle est réclamée.

On peut prescrire, dit l'art. 708, le mode de la servitude comme la servitude elle-même ; mais ce principe demande explication. On distingue si le mode nouveau augmente ou diminue la servitude ; dans ce dernier cas, on prescrira toujours la libération pour le surplus ; dans le premier, cela dépendra de la nature de la servitude. Si elle est de celles qui peuvent s'acquérir par la prescription, le nouveau mode sera acquis de cette manière ; si elle ne peut au contraire s'acquérir que par titre, vainement en aurait-on usé pendant trente ans d'une manière beaucoup plus onéreuse pour le fonds servant, on ne pourra jamais réclamer plus que le titre ne concède.

Enfin, en matière de servitude, remarquons que le caractère d'indivisibilité de l'exercice du droit a, quant à la prescription, ce double résultat nécessaire, que la jouissance d'un seul des co-propriétaires indivis, comme la suspension légale de la prescription en faveur de l'un d'eux, conserve le droit de tous. La servitude, en effet, ne peut ni se perdre ni s'acquérir pour partie ; dans l'un et l'autre cas, celui qui en a joui seul ou à qui elle n'a pu être enlevée, la garde donc toute entière, et, vis-à-vis de ses co-propriétaires, ses associés en quelque sorte, il serait contre toute équité qu'il ne leur en communiquât pas le bénéfice ; il y a entre eux comme un mandat tacite d'agir l'un pour l'autre dans l'intérêt commun.

---

## QUESTIONS.

I. Existe-t-il des cas d'usage légal ? — Non.

II. Quelles personnes faut-il comprendre dans la famille de l'usager ? — La femme, les enfans légitimes et légitimés, les serviteurs, les enfans naturels reconnus et les enfans adoptifs, s'ils existent au moment de la constitution du droit, les ascendans auxquels il est dû des alimens et qui vivent avec l'usager.

III. L'usage peut-il s'acquérir par prescription ? — Oui, sous la condition d'être continu.

4

IV. Le droit d'usage qui n'est pas accordé à des particuliers peut-il, à la différence de l'usufruit, être concédé pour plus de trente ans? — Oui.

V. Le droit d'usage s'éteint-il comme l'usufruit par la mort civile? Non.

VI. L'usager a-t-il droit à la possession du fonds? — Oui, mais seulement quand il absorbe la totalité des fruits.

VII. L'usager est-il tenu de contribuer aux frais de culture et d'entretien du fonds soumis au droit d'usage, et dans quelle mesure? — Il ne supporte de frais que dans le cas où il est en possession du fonds.

VIII. Qui est compétent du tribunal civil ou du conseil de préfecture pour décider s'il y a ou non nécessité pour une commune de conserver le droit de pâturage qu'elle possède dans une forêt particulière? — Le conseil de préfecture.

IX. Laquelle des deux juridictions devra connaître des contestations s'élevant sur le nombre des troupeaux qui devront être admis au paturage ou au panage? — La juridiction civile.

X. Une servitude de passage ne peut-elle pas devenir continue par l'établissement de travaux permanens, comme un pont, un pavage, et comme telle peut-elle s'acquérir par prescription? — Non.

XI. La destination du père de famille peut-elle être prouvée par témoins, sans commencement de preuve par écrit? — Oui.

XII. L'art. 694 du Code Napoléon n'est-il pas en pleine contradiction avec l'art. 692? — Non.

XIII. Les servitudes peuvent-elles s'acquérir par la prescription de dix ou vingt ans? — Non.

XIV. Le tiers-acquéreur peut-il prescrire la franchise de sa propriété par dix ou vingt ans? — Oui.

XV. Est-il nécessaire, pour s'affranchir d'une servitude, d'abandonner tout le fonds servant? — Non.

E. FILLIETTE

|  |  |
|---|---|
| Vu : | Vu : |
| *Le Président de la Thèse,* | *Le Doyen,* |
| OUDOT. | C.-A. PELLAT. |

Versailles. — DUFAURE, Impr. de la Préfecture, rue de la Paroisse, 21.

# THÈSE

POUR

# LA LICENCE

*Filatre*

9 782329 060910